TÍTULOS DE INGLÉS MARÍA GARCÍA

- Inglés de una Vez
- Aprende Inglés Deprisa
- 1000 Palabras Clave
- Inglés Móvil
- 100 Clases para Dominar el Inglés

- El Desafío del Inglés
- Inglés SMS
- Ciudadanía Americana
- Pronunciación Fácil: Las 134 Reglas del inglés Americano
- Inglés Para Hacer Amigos

- Inglés para Redes Sociales
- Inglés en la Escuela
- Inglés para Pacientes
- Habla Sin Acento
- Inglés de Negocios

- Inglés para Viajar
- Inglés para el Auto
- Aprende Inglés con los Famosos

Accede al contenido adicional del curso en
www.MariaGarcia.us

Habla Sin Acento, de la Teacher de Inglés

Fotografías de cubierta: © Designed by Asierromero / Freepik.
Fotografías de interior: © Dreamstime.

1ra. edición: Marzo de 2018. D.R. © 2018.
Derechos reservados de la presente edición en lengua castellana:
American Book Group

ISBN: 978-168-165-633-5
Library of Congress Control Number: 2018932624

Impreso en Estados Unidos

HABLA SIN ACENTO

Pronunciación americana
Los 41 sonidos del Inglés Americano

Accede al contenido adicional del curso en **www.MariaGarcia.us**

Dame tu opinión sobre este libro

y recibirás gratis

UN CURSO DE PRONUNCIACIÓN PARA TU TELÉFONO

Envia un whats app con tu nombre a:
+1 (305) 310-1222

Apúntate gratis en **www.mariagarcia.us**

O escríbeme con tu nombre y dirección a:

MARIA GARCÍA. LIBRO AMIGO

P.O. BOX 45-4402

MIAMI, FL 33245-4402

Introducción

¡Hola Amigos!

El objetivo principal de quienes estudian un idioma es lograr comunicarse con fluidez y entender a los hablantes nativos. Cuando intentamos pronunciar un idioma que no es el nuestro, lo hacemos imitando los sonidos que escuchamos o creemos escuchar. Esta imitación no siempre nos da buenos resultados, sobre todo con los sonidos que son diferentes o que no existen en nuestra lengua materna.

Para que logres vencer esta dificultad, te explicaré de manera amena y comprensible los 41 sonidos del inglés hablado en Estados Unidos. Habla sin acento es un curso enteramente pensado para hablantes de español y se centra en las dificultades que nos encontramos quienes hablamos este idioma a la hora de comunicarnos y entender el inglés americano tal cual se escucha en la calle, en la televisión, en la radio o en el trabajo.

Habla sin Acento te ayudará a comprender la diferencia que existe entre la manera en que se escriben las palabras y la manera en que se pronuncian, además de la entonación, es decir, la «música» de cada idioma que lo hace diferente de los demás.

Al final del curso, serás capaz de comunicarte en inglés pronunciando correctamente los 41 sonidos del idioma y dominando los conceptos básicos de la pronunciación y entonación americana.

Y, como en todos mis cursos, podrás escuchar los audios del curso en Internet, en la web del curso.

¡Bienvenido a mi curso "Habla sin acento"!

Con cariño,

María García
La teacher de inglés
www.mariagarcia.us

Índice

¿Cómo producimos los sonidos?

Símbolos y términos que usaremos en el curso

Los sonidos del inglés americano

(Curso de pronunciación americana)

¿Cómo producimos los sonidos?

A continuación vamos a tratar los distintos elementos que tienen lugar en la producción de sonidos y, por tanto, del habla.

Durante la respiración, el aire que proviene de los pulmones pasa por la tráquea y llega a la laringe, donde se encuentran las cuerdas vocales. Las cuerdas vocales son dos pequeños músculos situados uno enfrente del otro, que, al abrirse y cerrarse, permiten o bloquean el paso del aire.

La velocidad con que se expulsa el aire hace que las cuerdas vocales vibren y se produzcan sonidos. El sonido producido en las cuerdas vocales es muy débil y necesita ser amplificado. Parte de la garganta, la boca y la cavidad nasal forman la caja de resonancia que hace posible dicha amplificación. Estos sonidos primarios que se producen en la laringe son modificados, a su vez, por otros órganos.

Los seres humanos tenemos un gran dominio sobre los músculos que intervienen en la producción de la voz. Al moverlos en distintas direcciones cambia la forma de la boca y se producen, entonces, diferentes sonidos. Este proceso se llama "articulación" y en él participan los siguientes órganos:

Lengua: su posición es importantísima para lograr una articulación correcta.

Paladar: es la parte superior interna de la boca. Está dividido en dos partes:

Paladar blando: puede ser movido y bloquear la cavidad nasal, impidiendo que pase el aire hacia la nariz.

Paladar duro: no se mueve y participa pasivamente en el proceso.

Velo del paladar: es un tejido colgante y blando situado en la parte trasera del paladar, que termina en la campanilla. Cuando se pronuncia [k], por ejemplo, la parte posterior de la lengua toca el velo.

Cavidad nasal: actúa como una caja de resonancia.

Dientes: son partes fundamentales en el proceso de articulación.

Borde alveolar: es la parte posterior de la encía superior, donde se apoya la lengua para pronunciar, por ejemplo, la "n".

Cuerdas vocales: son bandas membranosas ubicadas en la laringe por medio de las cuales se produce la voz.

Glotis: es la apertura entre las cuerdas vocales inferiores.

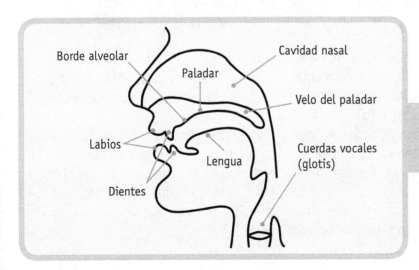

Borde alveolar
Paladar
Cavidad nasal
Velo del paladar
Labios
Lengua
Cuerdas vocales (glotis)
Dientes

> *Los sonidos se diferencian unos de otros según los órganos que participan en su articulación, el punto de articulación y el modo de articulación.*

Características determinadas por los órganos que participan en la articulación del sonido (Se aplica a las vocales y a las consonantes)

Sonidos sonoros: Son sonidos que se producen cuando vibran las cuerdas vocales. Son sonoras todas las vocales y las consonantes [b], [d], [g], [z], [v], [**d**], [**sh**], [*sh*], [m], [n], [ng], [l], [r], [y] y [w].

Sonidos sordos: Son sonidos que no se producen por la vibración de las cuerdas vocales. Son sordas las consonantes [p], [t], [k], [s], [f], [**z**], [sh], [j], [ch] y [h].

Características determinadas por el punto de articulación (Se aplica solo a las consonantes)

Bilabiales: se articulan por el contacto de ambos labios, como en el caso de [b], [p], [m] y [w].

Labiodentales: se articulan por el contacto de los dientes superiores con el labio inferior, como en el caso de [f] y [v].

Interdentales: se articulan colocando la lengua entre los dientes superiores, como en el caso de [d] y [**z**].

Alveolares: se articulan por el contacto de la punta de la lengua con la región alveolar del paladar, como en el caso de [t], [**d**], [s], [z], [n], [l] y [r].

Palatales: se articulan por el contacto de la lengua con el paladar duro, como en el caso de [sh], [*sh*], [ch], [**sh**] y [y].

Velares: se articulan por el contacto de la parte posterior de la lengua con el paladar blando, como en el caso de [k], [g] y [ng].

Glotal: el aire pasa por la glotis para pronunciar el sonido [h].

Características determinadas por el modo de articulación (Se aplica solo a las consonantes)

Oclusivas: hay un bloqueo total momentáneo del paso del aire, que finalmente sale con una aspiración, como sucede con [p], [b], [t], [**d**], [k] y [g].

Fricativas: hay un estrechamiento por donde pasa el aire rozando, como sucede con [f], [v], [**z**], [d], [s], [z], [sh], [**sh**] y [h].

Africadas: se bloquea el paso del aire, que después sale por un estrechamiento, como sucede con [**sh**], [ch].

Laterales: el aire pasa rozando los costados de la lengua, como sucede con [l] y [r].

Nasales: el paso del sonido por la boca se bloquea, pero sigue su curso por la nariz, como sucede con [m], [n], [ng].

Deslizadas: el aire no encuentra obstrucción en la boca, como en el caso de [w] y [y].

Símbolos y términos que usaremos en el curso

Los símbolos que usaremos han sido adaptados para que puedas entenderlos con facilidad. Recomendamos leerlos antes de comenzar este curso.

COMILLAS

Las comillas " " indican letras. Se refieren a las letras del abecedario. Por ejemplo:

"a"   "i"   "j"

CORCHETES

Los corchetes [ ] indican sonidos. Se refieren a cómo se pronuncia un sonido. Por ejemplo:

[a:]   [i:]   [j]

NEGRITA

La negrita indica sonidos que se pronuncian con más fuerza o sonoridad. Por ejemplo:

[z] sonido sordo, las cuerdas vocales no vibran.
[**z**] sonido sonoro, las cuerdas vocales vibran.

LOS DOS PUNTOS

Los usamos con las vocales para indicar que se debe alargar el sonido. Por ejemplo:

e: i: o:

[i] como en sit (sit)
[i:] como en seat (si:t)

PARÉNTESIS

Los paréntesis ( ) encierran la pronunciación de una palabra. Por ejemplo:

early (**é**:rli)
day (**d**éi)
you (yu:)

ACENTO GRÁFICO

El acento gráfico (´) nos indica que una sílaba es acentuada. Recordemos que en inglés no existe el acento gráfico Lo usamos en este curso en la trascripción de la pronunciación de una palabra para indicar cuál es la sílaba acentuada. Por ejemplo:

parking (pá:rking)
ago (egóu)
enjoy (in**sh**ói)

VOCALES

Son las letras a, e, i, o, u

CONSONANTES

Son las letras b, c, d, f, g, h, j, k, l, m, n, p, q, r, s, t, v, w, x, y, z

DIPTONGO

Es la combinación de dos vocales. En inglés existen los siguientes diptongos:

[au]   [ai]   [ei]   [ou]   [oi]

SÍLABA

Son las partes en que puede ser dividida una palabra. En inglés se determinan según la pronunciación de la palabra, no la ortografía, como en español. La separación de las sílabas se marca con puntos.

una sílaba:
late (léit)

dos sílabas:
birthday (b**e**:rz.**d**ei)

tres sílabas:
wonderful (w**á**n.**d**e:r.fel)

SÍLABA ACENTUADA

Es la sílaba que suena con más fuerza que las demás, y se marca con el acento gráfico.

(néim)
(wénz.dei)
(vésh.te.bel)

MONOSÍLABO

Es una palabra que tiene una sola sílaba que va siempre acentuada. Por eso no colocaremos acento gráfico en ellos, excepto que se pronuncien con un diptongo.

send (send)
six (siks)
why (wái)

¿Cuáles son los sonidos del inglés americano?

Los símbolos de la izquierda representan los sonidos que estudiaremos.
En aquellos casos en que existe un sonido similar en español, lo hemos incluido
para que te sirva de referencia.

Los sonidos de las vocales

[a]	bus-month	-
[a:]	car-shop	taza-allá
[æ]	cab-back	-
[e]	end-heavy	el-ese
[e]	arrive-seven	-
[e:]	bird-learn	-
[e:]	dollar-never	-
[i:]	we-please	así-ahí
[i]	six-live	-
[o:]	four-store	-
[u:]	who-cool	usa-mucho
[u]	book-would	-
[au]	town-house	Paula-auto
[ai]	time-price	caiga-hay
[ei]	say-late	aceite-ley
[ou]	boat-grow	-
[oi]	voice-boy	voy-oigo

Los sonidos de las consonantes

[b]	big, job	timbre-cambio
[d]	door-window	mandar-dólar
[d]	this-mother	boda-ruido
[f]	feel-offer	fácil-fe
[g]	great-flag	tengo-gusto
[j]	hello-head	mujer-gente
[k]	coffee-lake	cama-kilo
[l]	let-tell	luz-mal
[m]	man-room	mesa-toma
[n]	next-money	antes-nuez
[ng]	bring-angry	vengo-manga
[p]	park-stop	pensar-limpiar
[r]	river-four	pare-cara
[s]	send-also	siempre-solo
[t]	tall-rest	tú-atar
[v]	visit-movie	-
[w]	win-went	huir-hueso
[y]	young-lawyer	hielo-allí
[z]	zoo-zero	-
[z]	think-birthday	zona-hace
[sh]	ship-Spanish	yo-ya
[sh]	June-jacket	-
[sh]	usual-pleasure	-
[ch]	cheese-beach	hacha-ancho

Los sonidos de las vocales

Los 41 sonidos del inglés americano

A continuación aprenderemos el sonido número 1.

(Curso de pronunciación americana)

Sonido #1

[a] como en **bus** (bas)

Fíjate en la pronunciación de estas palabras:

sun (s**a**n) *sol*
uncle (**á**nkl) *tío*
love (l**a**v) *amor*

[a] no existe en español y puede resultar difícil de pronunciar. Es un sonido corto y rápido. Debes pronunciarlo separando apenas los labios con la lengua relajada en el medio de la boca.

El sonido [a] lo escucharás siempre en sílabas acentuadas de palabras que se escriban con estas letras:

"o":

other (**á**de:r) *otro*
come (k**á**m) *venir*
month (m**á**nz) *mes*

"u":

fun (f**a**n) *diversión*
much (m**a**ch) *mucho*
luck (l**a**k) *suerte*

"ou":

en**ou**gh (in**á**f) *suficiente*
c**ou**ntry (k**á**ntri) *país*
tr**ou**ble (tr**á**bl) *problemas*

"oo" en estos casos:

fl**oo**d (fl**a**d) *inundación*
bl**oo**d (bl**a**d) *sangre*

"oe" en estos casos:

d**oe**s (d**a**z)
d**oe**sn't (d**a**znt)

Los 41 sonidos del inglés americano

Continuando con los sonidos del inglés americano, seguidamente aprenderemos los sonidos números 2 y 3.

Sonido #2

[a:] como en **car** (ka:r)

Fíjate en la pronunciación de estas palabras:

sta**r** (sta:r) *estrella*
wa**llet** (wá:let) *billetera*
sho**p** (sha:p) *tienda*

[a:] se pronuncia como la "á" acentuada en español, en palabras como *allá* y *taza*. Debes pronunciarlo con los labios totalmente abiertos, y la lengua sobre el piso de la boca.

El sonido [a:] lo escucharás en palabras que se escriban, por lo general, con estas letras:

"a" seguida de "r" en una sílaba acentuada:

ba**r** (ba:r) *bar*
Ma**rch** (ma:rch) *marzo*
sta**rt** (sta:rt) *comenzar*

"a" seguida de "w":

ja**w** (**sha**:w) *mandíbula*
la**w** (la:) *ley*
sa**w** (sa:) *vio*

"a" seguida de "wn":

da**wn** (**da**:n) *amanecer*
la**wn** (la:n) *césped*
ya**wn** (ja:n) *bostezar*

(Curso de pronunciación americana)

"au":

daughter (dá:re:r) *hija*
be**cau**se (bi:ká:z) *porque*
laundry (la:ndri) *ropa sucia*

"a" seguida de"lk", "ll"y "lt":

w**alk** (wa:k) *caminar*
c**all** (ka:l) *llamada*
s**alt** (sa:lt) *sal*

"o" seguida de "u":

f**ou**ght (fa:t) *luchó*
th**ou**ght (**za**:t) *pensó*
b**ou**ght (ba:t) *compró*

"o" seguida de "b", "d", "g",
"p", "t" o "ck":

j**ob** (**sha**:b) *trabajo*
odd (a:d) *extraño*
f**og** (fa:g) *niebla*
t**op** (ta:p) *parte superior*
h**ot** (ha:t) *caluroso*
l**ock** (la:k) *cerrojo*

"o" seguida de "ff", "ng" y "ss"
en sílabas acentuadas:

offer (a:fe:r) *ofrecer*
l**ong** (la:ng) *largo*
a**cross** (ekrá:s) *a través*

Tip

La entonación

Todos hemos imitado alguna vez la manera en que hablan, por ejemplo, los franceses o los japoneses. Cuando hacemos esas imitaciones, estamos imitando ni más ni menos que la entonación, es decir, la "música" de esos idiomas. Normalmente, tendemos a trasladar la "música" de nuestro idioma materno al idioma que estamos aprendiendo: por eso hablamos inglés con acento español.

Para lograr hablar inglés con el acento adecuado, debemos comenzar por conocer y aplicar algunas reglas que nos ayudarán, con mucha práctica y paciencia, a mejorar nuestro acento y a entender mejor a los americanos nativos.

**Los elementos que forman
la entonación son:**

1- La acentuación de las sílabas
en una palabra

2- La acentuación de palabras
en una frase

3- El tono de voz

4- La conexión entre palabras

5- La reducción de sonidos

(Curso de pronunciación americana)

Sonido #3

[æ] como en **back** (bæk)

Fíjate en la pronunciación de estas palabras:

ca**b** (kæb) *taxi*
ha**nd** (jænd) *mano*
ask (æsk) *preguntar*

[æ] no existe en español. Es una mezcla de "a" y "e". Debes separar los labios como si estuvieras sonriendo y mantener la lengua cerca del piso de la boca.

El sonido [æ] lo escucharás en palabras que se escriban, por lo general, con estas letras:

"a" seguida de una consonante en una sílaba acentuada:

apple (æpel) *manzana*
la**st** (læst) *último*
pla**n** (plæn) *plan*

"au" en estos casos:

lau**gh** (læf) *reír*
lau**ghter** (læfte:r) *risa*

Los 41 sonidos del inglés americano

Sonido #4

[e] como en **end** (**e**nd)

Fíjate en la pronunciación de estas palabras:

se**ll** (s**e**l) *vender*
re**nt** (r**e**nt) *alquilar*
he**lp** (j**e**lp) *ayudar*

[e] es similar al sonido de "e" en español, como en las palabras *techo* y *bebé*, aunque más corto y rápido. Los labios están levemente abiertos hacia los costados y la lengua está en el medio de la boca.

El sonido [e] lo escucharás en palabras que se escriban con:

"e" en una sílaba acentuada, delante de una consonante:

te**n** (t**e**n) *diez*
we**ll** (w**e**l) *bien*
ne**xt** (n**é**kst) *próximo*

"ea" seguida de "d" en estos casos:

al**read**y (a:lr**é**di) *ya*
r**ead**y (r**é**di) *listo*
st**ead**y (st**é**di) *constante*

"are" al final:

care (k**é**r) *cuidado*
fare (f**é**r) *tarifa*
share (sh**é**r) *compartir*

"gue" al comienzo de sílaba:

guest (g**é**st) *huésped*
guess (g**é**s) *adivinar*

21

Sonido #5

"ai" en estos casos:

again (eg**é**n) *nuevamente*
against (eg**é**nst) *contra*
said (s**e**d) *dijo*

"a" en estos casos:

any (**é**ni) *algunos*
m**a**ny (m**é**ni) *muchos*

"ie" en esta palabra:

fr**ie**nd (fr**é**nd) *amigo*

[e] como en **excellent** (**é**kselent)

Fíjate en la pronunciación
de estas palabras:

arrive (er**á**iv) *llegar*
lemon (**lé**men) *limón*
seven (**sé**ven) *siete*

[e] no existe en español.
Es el sonido que tienen la gran
mayoría de las vocales en inglés
cuando no están acentuadas.
Es un sonido muy rápido y corto.
Al pronunciarlo, tus labios deben
estar relajados.

El sonido [e] lo escucharás
en palabras que se escriban,
por lo general, con estas letras:

"a" en una sílaba no acentuada:

...**a**go (eg**ó**u) *hace...*
sign**a**l (síg**ne**l) *señal*
past**a** (pa:st**e**) *pasta*

"e" en una sílaba no acentuada:

op**e**n (óup**e**n) *abrir*
trav**e**l (tráv**e**l) *viajar*
nec**e**ssary (n**é**seseri) *necesario*

"i" en una sílaba no acentuada:

cous**i**n (káz**e**n) *primo*
hab**i**t (jáb**i**t) *hábito*
capit**a**l (káp**i**rel) *capital*

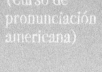

"o" en una sílaba no acentuada:

sec**o**nd (sékend) *segundo*
contr**o**l (kentróul) *control*
tom**o**rrow (temó:rou) *mañana*

"u" en una sílaba no acentuada:

s**u**rprise (serpráis) *sorpresa*
s**u**ggest (se**sh**ést) *sugerir*
col**u**mn (ká:lem) *columna*

"ion" al final:

reg**ion** (ri:**sh**en) *región*
nat**ion** (néishen) *nación*
populat**ion** (pa:pyu:léishen) *población*

"ous" al final:

fam**ous** (féimes) *famoso*
nerv**ous** (nérves) *nervioso*
ridicul**ous** (ridíkyules) *ridículo*

Para recordar:

[e] debe omitirse
en las terminaciones:

"cally":

musi**cally** (myu:zikli)
musicalmente

automati**cally** (a:remátikli)
automáticamente

specifi**cally** (spesífikli)
específicamente

"able", "ible":

unbeliev**able** (**a**nbili:vebl)
increíble

accept**able** (eks**é**ptebl)
aceptable

incred**ible** (inkr**é**dibl)
increíble

(Curso de pronunciación americana)

¿Qué sílaba debes acentuar en una palabra?

Debemos diferenciar acento (*accent*), que es el conjunto de características que distinguen a un idioma de otro, de acentuación (*stress*), que se refiere a las sílabas o palabras que se pronuncian con más fuerza.

Todas las palabras tienen una sílaba que se pronuncia con más fuerza: es la sílaba acentuada. La fuerza recae siempre sobre una vocal, que al estar acentuada tiene un sonido más largo y sostenido.

Lee estas palabras en voz alta y pronuncia con más fuerza la sílaba acentuada, que está en negrita:

people (pí:pel)
flower (fláue:r)
be**tween** (bitw:ín)

¿Cómo saber en qué silaba va acentuada una palabra que no has escuchado nunca? Lee estas reglas:

La mayoría de las palabras de dos sílabas, excepto los verbos, llevan el acento en la primera sílaba:

happy (hápi)
special (spéshel)
student (stú:dent)

Los verbos de dos sílabas se acentúan, generalmente, en la segunda sílaba:

for**get** (fergét)
be**gin** (bigín)
in**vite** (inváit)

Las palabras que tienen estas terminaciones se acentúan, por lo general, en la vocal anterior a dichas terminaciones:

"sion": per**mi**ssion, oppo**si**tion
"tion": des**crip**tion, infor**ma**tion
"ic": fan**tas**tic, elec**tric**
"omy": e**co**nomy, as**tro**nomy
"ogy": tech**no**logy, e**co**logy
"ery": **sur**gery, **nur**sery
"edy": **co**medy, **tra**gedy
"istry": **che**mistry, **ta**pestry
"ity": **qua**lity, sim**pli**city

Cuando dos sustantivos se unen y forman una sola palabra, se debe acentuar el primer sustantivo:

bookstore
airport
bedroom

Lo mismo sucede cuando dos sustantivos se escriben separados, pero su combinación es tan común que forma una frase hecha:

coffee cup
office building
movie star

En las frases descriptivas formadas por adjetivo + sustantivo, se acentúa el sustantivo:

a big **car**
a funny **story**
a great **job**

Cuando la combinación de adjetivo + sustantivo forma una frase hecha, se acentúa el adjetivo:

The **White** House
blue jeans
goldfish

Los 41 sonidos del inglés americano

Sonido #6

[e:] como en **learn** (le:rn)

Fíjate en la pronunciación
de estas palabras:

early (**é**:rli) *temprano*
s**i**r (se:r) *señor*
pref**e**r (prifé:r) *preferir*

[e:] no existe en español,
pero no resulta difícil de pronunciar.
Los labios deben estar levemente
abiertos y proyectados hacia adelante
y la lengua debe estar tensa en
el medio de la boca.

El sonido [e:] lo escucharás
en palabras que se escriban,
por lo general, con estas letras:

"e" seguida de "r"
en una sílaba acentuada:

p**e**rson (pe:rsen) *persona*
t**e**rm (te:rm) *período*
dess**e**rt (**dizé**:rt) *postre*

"i" seguida de "r",
en una sílaba acentuada:

f**i**rst (fe:rst) *primero*
g**i**rl (ge:rl) *muchacha*
b**i**rd (be:rd) *pájaro*

"ea":

earn (e:rn) *ganar*
early (e:rli) *temprano*
p**ea**rl (pe:rl) *perla*

"u" seguida de "r"
en sílabas acentuadas:

n**u**rse (ne:rs) *enfermera*
urgent (**é**:rshent) *urgente*
occ**u**r (eké:r) *ocurrir*

"wor":

word (we:rd) *palabra*
work (we:rk) *trabajo*
world (we:rld) *mundo*

(Curso de
pronunciación
americana)

Sonido #7

[e:] como en **dollar** (dá:le:r)

Fíjate en la pronunciación
de estas palabras:

col**or** (ká:le:r) *color*
wat**er** (wá:re:r) *agua*
Sat**ur**day (sáre:r**d**ei) *sábado*

[e:] no existe en español.
Es similar a [**e:**], también ocurre
delante de "r", pero solamente en
sílabas no acentuadas, principalmente
en el medio o al final de una palabra.

El sonido [e:] lo escucharás
en palabras que se escriban,
por lo general, con estas letras:

"e" seguida de "r"
al final o en el medio
en una sílaba no acentuada:

butt**er** (báre:r) *mantequilla*
nev**er** (néve:r) *nunca*
teach**er** (tí:che:r) *maestra / maestro*

"o" seguida de "r"
al final o en el medio:

doct**or** (dá:kte:r) *doctor / doctora*
flav**or** (fléive:r) *sabor*
col**or**ful (ká:le:rfel) *colorido*

"a" segida de "r"
al final o en el medio,
en una sílaba no acentuada:

vineg**ar** (vínige:r) *vinagre*
cell**ar** (séle:r) *sótano*
regul**ar**ly (régyule:rli) *regularmente*

"ure"
al final de una palabra:

furnit**ure** (fé:rniche:r) *muebles*
pict**ure** (píkche:r) *foto*
pleas**ure** (pléshe:r) *placer*

Acentuación de palabras en una frase

Hasta aquí hemos hablado de palabras. Combinemos ahora las palabras para formar frases y oraciones.

Cuando hablamos, acentuamos determinadas palabras y pronunciamos otras con menos fuerza. Esto se debe a un patrón de acentuación que tiene cada idioma y a nuestra decisión de enfatizar ciertas palabras porque queremos darle a nuestra frase un sentido especial.

Como todos los idiomas, el inglés americano tiene una "música" distintiva que irás asimilando con el tiempo. En una primera etapa, lo importante es que comiences a entender e identificar ciertas reglas que definen esa entonación, para entender mejor cuando habla un nativo. Y luego, poco a poco, comenzarás a asimilarla y reproducirla.

El inglés americano tiene un ritmo fluido, continuo, como el de las olas del mar, con momentos más altos (palabras acentuadas) y más bajos (palabras no acentuadas).

Fíjate en estos ejemplos:

George traveled with his **sister**

He **traveled** with her

Brenda lives in **Paris**

She **lives** there

Como te habrás dado cuenta, las palabras que están resaltadas se pronuncian con más fuerza que las demás.

(Curso de pronunciación americana)

¿Cómo saber qué palabras acentuar, es decir, qué palabras se encuentran en la cresta de la ola, y cuáles no? Veamos estas reglas:

Los sustantivos (car), verbos (live), adjetivos (beautiful), adverbios (really) y palabras interrogativas (who) generalmente **se acentúan**.

Los pronombres (he), preposiciones (in), artículos (the), verbo "to be" (is), conjunciones (and) y auxiliares (does) generalmente **no se acentúan**.

Cuando dices algo por primera vez, es decir, introduces información nueva, debes acentuar los sustantivos:

My **brother** lives with my **parents**
Tom bought a **house**
Jennifer loves **music**

Cuando reemplazas los sustantivos (brother, parents, Tom, house, Jennifer, music) con pronombres (he, them, it, she), debes acentuar el verbo:

He **lives** with them
He **bought** it
She **likes** it

También puedes acentuar palabras cuando quieres indicar contraste:

I **love** swimming,
but I **prefer** skating

Para tener en cuenta:

La acentuación cambia por completo el sentido de una frase. Acentúa las palabras según el significado que quieras darle a una frase. Recuerda que no sólo es importante lo que dices, sino cómo lo dices. Estas oraciones tienen las mismas palabras, pero según donde las acentúes, variará el significado:

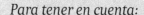

She didn't see the accident
Ella no lo vio (pero puede haberlo visto otra persona)

She **didn't** see the accident
Ella no vio el accidente (es un hecho)

She didn't **see** the accident
Ella no vio el accidente (solo escuchó el impacto)

She didn't see the **accident**
Ella no vio el accidente (se acercó cuando ya había sucedido)

(Curso de pronunciación americana)

Los 41 sonidos del inglés americano

Sonido #8

[i:] como en **please** (pli:z)

Fíjate en la pronunciación
de estas palabras:

tea (ti:) *té*
we (wi:) *nosotros*
see (si:) *ver*

[i:] es similar a la "í" acentuada en
español, como en *así* y *ahí*, pero es
un sonido más prolongado. Los labios
están extendidos hacia los costados
y la lengua se acerca al paladar.

El sonido [i:] lo escucharás en palabras
que se escriban, por lo general, con:

"e" al final de monosílabos:

me (mi:) *mí*
he (ji:) *él*
she (shi:) *ella*

"ea":

beach (bi:ch) *playa*
seat (si:t) *asiento*
reason (rí:zen) *razón*

"ee":

sleep (sli:p) *dormir*
three (zri:) *tres*
seek (si:k) *buscar*

"ei":

receive (risí:v) *recibir*
deceive (disí:v) *engañar*
ceiling (sí:ling) *techo*

"ie" y terminan con "e" silenciosa:

niece (ni:s) *sobrina*
piece (pi:s) *porción*
believe (bilí:v) *creer*

(Curso de pronunciación americana)

Sonido #9

[i] como en **six** (siks)

Fíjate en la pronunciación de estas palabras:

is (iz) *es/está*
g**i**ve (giv) *dar*
b**ui**lding (bíld**i**ng) *edificio*

[i] no existe en español. Es un sonido rápido y corto. Los labios deben estar levemente separados.

El sonido [i] lo escucharás en palabras que se escriban, por lo general, con estas letras:

" i " seguida de una consonante:

s**i**t (sit) *sentarse*
l**i**ve (liv) *vivir*
w**i**n (win) *ganar*

"ui":

b**ui**ld (bild) *construir*
g**ui**lt (gilt) *culpa*
g**ui**tar(gitá:r) *guitarra*

"ey" al final:

mon**ey** (máni) *dinero*
monk**ey** (mánki) *mono*
turk**ey** (te:rki) *pavo*

(Curso de pronunciación americana)

"ly" o "lly" al final:

finally (**fáineli**) *finalmente*
really (**rí:eli**) *realmente*
quickly (**kwíkli**) *rápidamente*

"try" al final, en algunos casos:

country (**kántri**) *país*
pastry (**péistri**) *pastelería*
poultry (**póultri**) *aves de corral*

"y" después de todas las consonantes
excepto "f" (Fíjate en el sonido [ai])

intimacy (**íntemesi**) *intimidad*
daddy (**dǽdi**) *papito*
astrology (**estrá:leshi**) *astrología*
tricky (**tríki**) *engañoso*
freely (**fri:li**) *libremente*
anatomy (**enǽremi**) *anatomía*
agony (**ǽgeni**) *agonía*
trophy (**tróufi**) *trofeo*
happy (**jǽpi**) *feliz*
very (**véri**) *muy*
clumsy (**klámsi**) *torpe*
pretty (**príri**) *bonito*
wavy (**wéivi**) *ondulado*
sexy (**séksi**) *sexy*
cozy (**kóuzi**) *acogedor*

"hy" en estas palabras y sus derivados:

hymn (**jim**) *himno*
hypnosis (**jipnóuses**) *hipnosis*
hypocrisy (**jipá:kresi**) *hipocresía*
hysteria (**jistíri:e**) *histeria*

Para recordar:

Esta palabra se pronuncia con [i]:

w**ome**n (**wímin**) *mujeres*

[i] no se pronuncia
en algunas palabras:

bus**i**ness (**bíznes**) *negocios*
fru**it** (**fru:t**) *fruta*
ju**i**ce (**shu:s**) *jugo*

31

Hablemos ahora del tono de voz. ¿Qué tono debes usar?

Cuando haces una afirmación, el tono de tu voz debe bajar hacia el final:

The night was **cold**
She's coming **soon**

Cuando haces una pregunta, se pueden dar algunos de estos casos:

Si usas una palaba interrogativa como *what*, *who*, *when*, etc. el tono de voz debe bajar al final:

Who's **that girl**?
What are you **doing**?

Si no usas palabra interrogativa, el tono debe subir:

Are you **sure**?
Do you know her?

En preguntas cortas al final de una oración, si quieres obtener información, el tono debe subir:

They're American, **aren't they**?
Your sister lives in San Francisco, **doesn't she**?

Si, en cambio, sólo quieres confirmar algo que piensas que es verdad, el tono debe bajar:

Look at those clouds.
It`s going to rain, **isn't it**?

She looks so tired.
She's working a lot, **isn't she**?

Los 41 sonidos del inglés americano

Sonido #10

[o:] como en **more** (mo:r)

Este sonido no existe en español.
Es parecido una "o" pero más
prolongado. Los labios deben estar
redondeados hacia adelante
y la lengua sobre el piso
de la boca.

Fíjate en la pronunciación
de estas palabras:

four (fo:r) *cuatro*
store (sto:r) *tienda*
quarter (kwó:re:r) *cuarto*

El sonido [o:] lo escucharás
en palabras que se escriban,
por lo general, con estas letras:

"ore":

sh**ore** (sho:r) *costa*
bef**ore** (bifó:r) *antes*
s**ore** (so:r) *dolorido*

"oa"

b**oa**rd (bo:rd) *tabla*
r**oa**r (ro:r) *rugir*
s**oa**r (so:r) *aumentar bruscamente*

Sonido #11

[u:] como en **room** (ru:m)

Fíjate en la pronunciación de estas palabras:

you (yu:) *tú-ustedes*
wh**o** (ju:) *quién*
bl**ue** (blu:) *azul*

[u:] es similar a la "ú" acentuada en español, pero es más prolongado. Los labios están tensos y la lengua está cerca del paladar.

El sonido [u:] lo escucharás en palabras que se escriban, por lo general, con estas letras:

"e" delante de "w":

fl**ew** (flu:) *voló*
bl**ew** (blu:) *sopló*
gr**ew** (gru:) *creció*

"o" al final de algunos monosílabos:

d**o** (du:) *hacer*
wh**o** (ju:) *quién*
tw**o** (tu:) *dos*

"oo" seguida de "l", "m" o "n":

c**oo**l (ku:l) *fantástico*
b**oo**t (bu:t) *bota*
n**oo**n (nu:n) *mediodía*

"o" seguida de "e" silenciosa al final:

sh**oe** (shu:) *zapato*
wh**ose** (ju:z) *de quién*
l**ose** (lu:z) *perder*

"u" en una sílaba acentuada en casos como estos:

J**u**ne (**sh**u:n) *junio*
r**u**de (ru:**d**) *grosero*
st**u**dent (stú:**d**ent) *estudiante*

"u" depués de "t", "d", "n", o "s". Se pronuncia [u:] y, en menor medida, [yu:]:

Tuesday (tú:**zd**ei) o (tyú:**zd**ei) *martes*
duty (**d**u:ri) o (**d**yú:ri) *obligación*
new: (nu:) o (nyu:) *nuevo*
suit (su:t) o (syú:t) *traje*

"ue" al final:

bl**ue** (blu:) *azul*
cl**ue** (klú:) *pista*
aven**ue** (ǽvenu:) *avenida*

"ou":

gr**ou**p (gru:p) *grupo*
s**ou**p (su:p) *sopa*
r**ou**te (ru:t) *carretera*

"oo" al final:

tab**oo** (tebú:) *tabú*
kangar**oo** (kængerú:) *canguro*
igl**oo** (iglú:) *iglú*

Sonido #12

[u] como en **look** (luk)

Fíjate en la pronunciación
de estas palabras:

good (gu**d**) *bueno*
should (shu**d**) *debería*
p**u**sh (push) *empujar*

[u] no existe en español. Es un sonido
rápido y corto. Los labios están
relajados y apenas se mueven.

El sonido [u] lo escucharás
en palabras que se escriban,
por lo general, con estas letras:

"oo" seguida de "d" o "k":

took (tuk) *tomó*
cook (kuk) *cocinar*
book (buk) *libro*

"u" seguida de "sh" en estos casos:

b**ush** (bush) *arbusto*
p**ush** (push) *empujar*
c**ush**ion (kúshen) *almohadón*

"ou":

Como en los auxiliares

c**ou**ld (kud)
w**ou**ld (wud)
sh**ou**ld (shud)

"ui":

cr**ui**se (kru:z) *crucero*
j**ui**ce (**sh**u:z) *jugo*
fr**ui**t (fru:t) *fruta*

(Curso de
pronunciación
americana)

Para recordar:

"u" no se pronuncia
en palabras que se escriban con
"gua", "gue", "gui":

guard (ga:**rd**) *guardia*
guest (g**é**st) *huésped*
guide (g**ái**d) *guía*

"u" no se pronuncia
en estas palabras:

b**u**ild (bíl**d**) *construir*
b**u**y (bái) *comprar*
g**u**ys (gáiz) *gente*

"o" se pronuncia [u] en esta palabra:

w**o**man (wúmen) *mujer*

(Curso de pronunciación americana)

¿Qué otro secreto puedo aprender para mejorar mi acento? ¡La conexión entre las palabras!

No hables palabra por palabra, sino júntalas para formar grupos de sonidos. Esto te ayudará a que hables más fluido.

En español no dices:

Leí un libro interesante

sino

Leíunlibrointeresante

Ahora lee esta oración en inglés separando las palabras y luego, juntándolas.

I read an interesting book

Ireadaninterestingbook

¿Cómo conectar las palabras? Fíjate en estos ejemplos:

Palabras que terminan en consonante con palabras que comienzan con vocal:

tur**n on**	Turn on the radio
co**me in**	Come in, please
a**n a**rchitect	He's an architect

Palabras que terminan con el mismo sonido de consonante. En este caso no debes pronunciar dos veces el sonido repetido sino alargar el primer sonido:

real **l**ove
make **c**akes
hel**p p**eople

Palabras que terminan con vocal con palabras que empiezan con vocal.

Si la palabra termina con "o" o ow", el sonido que las une suena como el primer sonido de *want*:

g**o ou**t
Let's g**o ou**t for dinner.

gr**ow o**lder
We gr**ow o**lder too soon.

Si la palabra termina con "e" o "y", el sonido que las une suena como el primer sonido de yes:

The**y a**gree
The**y a**gree on the conditions.

Sa**y i**t
Sa**y i**t louder.

[t] y [d] seguidos de [y] se pronuncian [ch]:

Can**'t y**ou? (kǽnchu:?)
Can**'t y**ou stay?

Don**'t y**ou? (dóunchu:)
Don**'t y**ou hate it?

Didn**'t y**ou? (dídnchu:)
Didn**'t y**ou tell her?

Wouldn**'t y**ou? (wúdnchu:)
Wouldn**'t y**ou like it?

[d] seguido de [y] se pronuncia [**sh**]:

Di**d y**ou? (díshu:)
Di**d y**ou see her?

Coul**d y**ou? (kúshu:)
Coul**d y**ou ask him?

Cuando *the* está seguido por una vocal, se pronuncia [di:]:

th**e e**nd (di:end)
th**e o**ther (diá:de:r)

Los 41 sonidos del inglés americano

Sonido #13

[au] como en **now** (náu)

Fíjate en la pronunciación
de estas palabras:

sound (sáun**d**) *sonido*
how (jáu) *cómo*
house (jáuz) *casa*

[au] se pronuncia igual que
las letras "au" en español,
como en *Paula* y *auto*.

El sonido [au] lo escucharás
en palabras que se escriban,
por lo general, con estas letras:

"o" seguida de "u":

round (ráun**d**) *redondo*
count (káunt) *contar*
ab**ou**t (ebáut) *sobre*

"o" seguido de "w":

br**ow**n (bráun) *marrón*
c**ow** (káu) *vaca*
t**ow**n (táun) *ciudad*

Sonido #14

[ai] como en **nice** (náis)

Fíjate en la pronunciación
de estas palabras:

I (ái) *yo*
time (tái m) *tiempo*
wh**y** (wái) *por qué*

[ai] se pronuncia igual
que "ai" y "ay" en español,
como en *caiga* y *hay*.

El sonido [ai] lo escucharás
en palabras que se escriban,
por lo general, con estas letras:

"i" en una sílaba que finaliza
con "e" silenciosa:

pr**i**ce (práis) *precio*
f**i**ne (fáin) *bien*
r**i**de (ráid) *montar*

"i" seguida de
"gh", "ght", "ld" o "nd":

h**igh** (jái) *alto*
l**ight** (láit) *luz*
ch**ild** (cháild) *niño*
f**ind** (fáind) *encontrar*

"ie" en monosílabos:

l**ie** (lái) *mentira*
d**ie** (dái) *morir*
p**ie** (pái) *pastel*

"iet":

d**iet** (dáiet) *dieta*
var**iet**y (veráieri) *variedad*
notor**iet**y (nouteráieri) *notoriedad*

"ye" en estas palabras:

r**ye** (rái) *centeno*
b**ye** (bái) *adiós*
d**ye** (**d**ái) *teñir*

(Curso de pronunciación americana)

"ry" después de "c", "d", "f" y "t":

cry (kr**á**i) *llorar*
d**ry** (**d**rái) *secar*
fry (frái) *freir*
try (trái) *intentar*

"y" al final de monosílabos:

b**y** (b**á**i) *por*
fl**y** (fl**á**i) *volar*
m**y** (m**á**i) *mi*

"ply" y "pply" al final de una palabra:

a**pply** (epl**á**i) *postularse*
re**ply** (ripl**á**i) *responder*
su**pply** (sepl**á**i) *proveer*

"fy" al final de una palabra:

speci**fy** (sp**é**sefai) *especificar*
clari**fy** (kl**æ**refai) *aclarar*
intensi**fy** (int**é**nsefai) *intensificar*

"y" en "hyper", "hypo", "hydra" y "hydro":

hyperactive (jaipe:r**æ**ktiv)
hiperactivo

hypothesis (jaip**á**:**z**eses)
hipótesis

carbo**hydra**te (ka:rbej**á**i**d**reit)
hidrato de carbono

hydroelectric (jai**d**rouil**é**ktrik)
hidroeléctrico

(Curso de pronunciación americana)

Reducción de sonidos (I)

De la misma manera en que existen palabras que se acentúan, hay otras que son más débiles y se reducen hasta volverse imperceptibles. Veamos algunos de los casos más comunes:

La preposición "to" después de verbos como "want to" y "going to" se reduce tanto que el sonido [t] desaparece:

I want **to**
suena como
I wanna

I want **to** go
suena como
I wanna go

I'm going **to**
suena como
I'm gonna

I'm going **to** travel
suena como
I'm gonna travel

En el pasado simple, [t] el *want to* se transforma en un sonido [d] muy suave, o incluso puede desaparecer.

I wanted **to** go
suena como
I wanded go / I waned go

I wanted **to** stay
suena como
I wanded stay / I waned stay

En estos casos no es necesario que intentes pronunciar la forma reducida, pero sí debes saber qué sucede con los sonidos para entender mejor a los hablantes nativos.

La "t" entre vocales en sílabas no acentuadas se reduce y suena como una "r" muy suave:

wa**t**er (wa:re:r)
be**tt**er (bé:re:r)
ci**t**y (síri)
la**t**er (léire:r)

La "t" silenciosa después de "n". Ambas letras se articulan tan cerca en la boca, que la "n" reduce totalmente el sonido de la "t" posterior:

In**t**ernet (íne:rnet)
twe**nt**y (twéni)
adva**nt**age (advǽni**sh**)

And es una de las palabras más comunes del inglés, que se reduce hasta transformarse en "en" o simplemente "n".

Men and women
suena como
men "**en**" women

peanut butter and jelly
peanut butter "**n**" jelly

Si necesitas enfatizarla, deberás pronunciarla sin reducción:

cream **and** sugar

Los 41 sonidos del inglés americano

Sonido #15

[ei] como en **say** (séi)

Fíjate en la pronunciación
de estas palabras:

late (léit) *tarde*
em**ai**l (ímeil) *correo electrónico*
pl**ay** (pléi) *jugar*

[ei] se pronuncia igual que "ei"
y "ey"en español,
como en las palabras *aceite* y *buey*.

El sonido [ei] lo escucharás
en palabras que se escriban,
por lo general, con estas letras:

"a" en una sílaba que termina
en "e" silenciosa:

take (téik) *tomar*
date (**déit**) *fecha*
safe (séif) *seguro*

"a" seguida de "i":

m**ai**n (méin) *principal*
expl**ai**n (ikspléin) *explicar*
tr**ai**n (tréin) *tren*

"a" seguida de "y":

subw**ay** (sábwei) *subterráneo*
p**ay** (péi) *pagar*
M**ay** (méi) *mayo*

"ato" y "ator" al final:

pot**ato** (petéirou) *papa*
elev**ator** (éleveire:r) *ascensor*
acceler**ator** (ekséle:réire:r) *acelerador*

41

(Curso de
pronunciación
americana)

"e" y "et" al final de palabras
de origen francés:

ballet (baélei) *ballet*
buffet (beféi) *bufet*
gourmet (gúrmei) *gurmet*
résumé (rézemei) *curriculum vitae*

"a" en la sílaba acentuada
de palabras que terminan con "y":

lady (léidi) *dama*
baby (béibi) *bebé*
crazy (kréizi) *loco*

"a" en "bas":

bass (béis) *bajo (instrumento)*
basic (béisik) *básico*
baseball (béisba:l) *béisbol*

"eigh":

w**eigh**t (wéit) *peso*
eight (éit) *ocho*
n**eigh**bor (néibe:r) *vecino*

"ea":

br**ea**k (bréik) *romper*
st**ea**k (stéik) *bife*
gr**ea**t (gréit) *gran*

"e" seguida de "y":

th**ey** (déi) *ellos*
ob**ey** (oubéi) *obedecer*
pr**ey** (préi) *presa*

Sonido #16

[ou] como en **home** (jóum)

Fíjate en la pronunciación
de estas palabras:

hello (jelóu) *hola*
old (óul**d**) *viejo*
kn**o**w (nóu) *saber*

[ou] se pronununcia como "ou" en
español, pero más suavemente. Los
labios están redondeados y la lengua
sube hacia el paladar.

El sonido [ou] lo escucharás
en palabras que se escriban,
por lo general, con estas letras:

"o" en una sílaba que termina
en "e" silenciosa:

cl**o**se (klóuz) *cerrar*
ph**o**ne (fóun) *teléfono*
h**o**le (jóul) *agujero*

"o" al final de algunas palabras:

n**o** (nóu) *no*
s**o** (sóu) *así*
g**o** (góu) *ir*

"o" seguida de "ld":

older (óul**d**e:r) *más viejo*
s**o**ld (sóul**d**) *vendido*
c**o**ld (kóul**d**) *frío*

"o" seguida de "w":

borr**ow** (bá:rou) *pedir prestado*
gr**ow** (gróu) *crecer*
yell**ow** (yélou) *amarillo*

"oa":

abr**oa**d (ebróu**d**) *extranjero*
r**oa**d (róu**d**) *camino*
l**oa**n (lóun) *préstamo*

"ou":

d**ou**gh (**d**óu) *masa*
th**ou**gh (**d**óu) *aunque*
sh**ou**lder (shóul**d**e:r) *hombro*

Sonido #17

[oi] como en **boy** (boi)

Fíjate en la pronunciación
de estas palabras:

toy (tói) *juguete*
oil (óil) *aceite*
n**oi**se (nóiz) *ruido*

[oi] se pronuncia igual que
"oi" y "oy" en español,
como en *voy* y *oigo*.

El sonido [oi] lo escucharás
en palabras que se escriban,
por lo general, con estas letras:

"oi" y "oy":

b**oi**l (bóil) *hervir*
v**oi**ce (vóis) *voz*
enj**oy** (inshói) *disfrutar*

Reducción de sonidos II

Can y can't:

Cuando **Can** aparece en una oración
afirmativa o interrogativa al lado del
verbo, la vocal se transforma en [e]:

I **can** speak English.
(ái ken spi:k ínglish)

Can you wim?
(ken yu: swim?)

Cuando la oración es negativa en
cambio, debes pronunciar "can"
con el sonido completo [æ]:

I **can't** speak English.
(ai kǽnt spi:k ínglish)

Can't you see?
(kǽn chu si:)

La "h" silenciosa:

La pronunciación de los pronombres
por lo general se reduce.
Palabras como *he*, *him*, *he* y *his*
pierden el sonido inicial [j] después
de un verbo o un auxiliar:

Did **h**e come? (didi **k**am?)
Give **h**im the keys (givim de ki:z)
Is **h**e busy (izi bizi?)

Los sonidos de las consonantes

Los 41 sonidos del inglés americano

Sonido #18

[b] como en **big** (big)

Fíjate en la pronunciación de estas palabras:

bed (**b**ed) *cama*
gra**b** (græ**b**) *agarrar*
ra**bb**it (ræ**b**it) *conejo*

El sonido [b] se pronuncia de manera similar a la letra "b" después de "m" en español, como en *cambio*.
Los labios deben cerrarse y las cuerdas vocales vibran.

El sonido [b] lo escucharás en palabras que se escriban, por lo general, con estas letras:

"b" y "bb":

begin (bigín) *comenzar*
ta**b**le (téibl) *mesa*
ho**bb**y (já:bi) *pasatiempo*

Para recordar:

"b" no se pronuncia en estos casos:

Cuando está en la misma sílaba que [m] al final de una palabra:

cli**mb** (kláim) *trepar*
la**mb** (læm) *cordero*
plu**mb**er (pláme:r) *plomero*

Delante de "t" en estas palabras y sus derivados:

de**b**t (**d**et) *deuda*
dou**b**t (**d**áut) *duda*
su**bt**le (sárl) *sutil*

Sonido #19

[d] como en **day** (déi)

Fíjate en la pronunciación
de estas palabras:

door (**do**:r) *puerta*
win**d**ow (wín**d**ou) *ventana*
goo**d** (gu**d**) *bien*

[d] se pronuncia de
manera similar a la "d" en español
cuando está al comienzo de
una palabra, como en *decir*,
después de "n", como en *mandar*
o "l" como en *espalda*.

La lengua presiona el borde alveolar
y bloquea primero
el paso del aire para dejarlo salir
con fuerza después.

El sonido [d] lo escucharás
en palabras que se escriban,
por lo general, con estas letras:

"d" o "dd":

foo**d** (fu:**d**) *comida*
we**dd**ing (wé**d**ing) *boda*
dinner (**d**íne:r) *cena*

Para recordar:

"d" no se pronuncia en estas palabras:

We**d**nesday (wénz**d**i) *miércoles*
han**d**kerchief (hǽnke:rchif) *pañuelo*
han**d**some (hǽnsem) *buenmozo*

(Curso de
pronunciación
americana)

Sonido #20

[d] como en **this** (dis)

Fíjate en la pronunciación
de estas palabras:

there (d**e**r) *allí*
weather (w**é**de:r) *tiempo*
mother (m**á**de:r) *madre*

[d] no tiene un equivalente exacto
en español. Es similar al sonido
de la "d" en el medio de algunas
palabras, como *bo**d**a* y *rui**d**o*.

El sonido [d] lo escucharás
en palabras que se escriban,
por lo general, con estas letras:

"th" al principio:

the (de) *el-la-los-las*
that (dæt) *ese/a, aquel/la*
these (di:z) *estos-estas*

"th" y terminen con "e" silenciosa:

ba**the** (béid) *bañar*
brea**the** (bri:d) *respirar*
soo**the** (su:d) *calmar*

"ther" al final:

toge**ther** (tegéde:r) *juntos*
o**ther** (áde:r) *otro*
bro**ther** (bra:de:r) *hermano*

49

Las preposiciones cortas (to, at, for, from, etc.) se reducen, excepto en algunos casos cuando se usan al final de una oración:

I gave it to his wife
(te)

I'm at the restaurant
(et)

This is for you.
(fer)

What is this for?
(fo:r) – final de oración.

I'm from Venezuela
(frem)

La mayoría de las vocales en sílabas no acentuadas se pronuncian con el sonido *schwa* [e] y, en menor medida [i]. Estos sonidos reducidos tienen una función muy importante en la entonación.

b**a**nan**a** (benǽne)
kitch**e**n (kíchen)
wom**a**n (wúmen)

También hay palabras en las que directamente no se pronuncia un sonido:

ev**e**ry (évri)
fam**i**ly (fǽmli)
hist**o**ry (hístri)

Las contracciones son una parte usual del inglés hablado y debes siempre preferirla a la forma completa, excepto en los casos en que debas pronunciarlas por énfasis.

Fíjate cómo se pronuncian las contracciones más comunes:

I am	I'm	(áim)
you are	you're	(yu:er)
she is	she's	(shi:z)
he is	he's	(hi:z)
it is	it's	(its)
we are	we're	(wi:r)
they are	they're	(déir)
that is	that's	(dǽts/dets)
I would	I'd	(ái**d**)
I have	I've	(áiv)
I will	I'll	(áil)
who is	who's	(ju:z)
cannot	can't	(kǽnt)
How are	How're	(jáur)
How is	How's	(jáuz)

Los 41 sonidos del inglés americano

Sonido #21

[f] como en **fun** (fan)

Fíjate en la pronunciación de estas palabras:

feel (fi:l) *sentir*
o**ff**er (á:fe:r) *ofrecer*
ne**ph**ew (néfyu:) *sobrino*

[f] se pronuncia igual que la letra "f" en español, como en *fácil* y *fe*.

El sonido [f] lo escucharás en palabras que se escriban, por lo general, con estas letras:

"f" y "ff":

fish (fish) *pez*
be**f**ore (bifó:r) *antes*
e**ff**ect (ifékt) *efecto*

"gh" al final:

cou**gh** (ka:f) *tos*
enou**gh** (ináf) *suficiente*
lau**gh** (læf) *reir*

"ph":

phone (fóun) *teléfono*
physical (fízikl) *físico*
tro**ph**y (tróufi) *trofeo*

(Curso de
pronunciación
americana)

Sonido #22

[g] como en **great** (gréit)

Fíjate en la pronunciación
de estas palabras:

get (g**e**t) *conseguir*
a**g**ree (egrí:) *estar de acuerdo*
fla**g** (flæg) *bandera*

[g] es similar al sonido en español de
la "g" después de "n" como en *tengo*;
antes de "a" como en *ganar*;
"o" como en *gol*
y "u" como en *gusto*.

El sonido [g] lo escucharás
en palabras que se escriban,
por lo general, con estas letras:

"g" y "gg":

gas (gæs) *gasolina*
sin**g**er (singe:r) *cantante*
ba**g** (bæg) *bolsa*

"g" seguida de vocal:

tar**g**et (ta:rget) *objetivo*
game (géim) *juego*
give (giv) *dar*
bin**g**o (bíngou) *bingo*
gulf (galf) *golfo*

"gua" ,"gue" y "gui":

guard (ga:rd) *guardia*
guide (gáid) *guía*

"x". Se pronuncia [gz]:

e**x**actly (igzǽktli) *exactamente*
e**x**am (igzǽm) *examen*
e**x**ample (igzǽmpel) *ejemplo*

Para recordar:

"g" no se pronuncia en estos casos:

Seguida de "h" al final de una palabra:

althoug**h** (a:ldóu) *aunque*
throug**h** (**z**ru:) *a través*
thoroug**h** (**zé:**rou) *completo*

Seguida de "n" al principio de una palabra:

gnocchi (nyá:ki) *ñoquis*
gnome (nóum) *gnomo*
gnaw (na:) *mordisquear*

Antes de "n" al final de una palabra:

fore**i**g**n** (**fá:**ren) *extranjero*
s**i**g**n** (sáin) *firmar*
des**i**g**n** (**di**záin) *diseñar*

Antes de "m" al final de una palabra:

diaphra**gm** (**dá**iefræm) *diafragma*
paradi**gm** (pære**dá**im) *paradigma*

Antes de "ht" al final de una palabra:

n**i**g**ht** (náit) *noche*
l**i**g**ht** (láit) *luz*
brou**ght** (bra:t) *pasado de "bring"*

Consejos prácticos para mejorar tu acento siendo hablante nativo de español (I)

Mejorar el acento es una cuestión de práctica y tiempo. En el proceso hay muchos factores que pueden ayudarte:

Escucha las diferentes secciones de Habla sin Acento todas las veces que sea necesario hasta incorporar las reglas y los sonidos.

Trata de evitar hablar inglés con acento español. Escúchate, identifica tus errores y trabaja sobre tus dificultades.

Une las palabras cuando hablas para que fluyan y le den ritmo a tu discurso.

Habla todas las veces que puedas con nativos y presta atención a su entonación.

Mira la televisión, sobre todo los programas de noticias.

Escucha la radio.

Escucha música en inglés, apréndete las letras y cántalas.

Mira una película que te guste mucho varias veces, prestando atención a los diálogos. Repite las frases que te resulten interesantes imitando la entonación.

Sonido #23

[j] como en **hello** (jelóu)

Fíjate en la pronunciación
de estas palabras:

husband (**j**ázben**d**) *marido*
head (**j**e**d**) *cabeza*
be**h**ind (bi**j**áin**d**) *detrás*

El símbolo [j] lo usamos aquí para
representar al sonido [h] del inglés, pero
[h] es mucho más suave que el sonido
de la "j" en español. Se asemeja a la
pronunciación de la "g" en *gente* o la "j"
en *mujer*, en el español que se habla en
España. El flujo de aire es continuo y las
cuerdas vocales no vibran.

El sonido [j] lo escucharás
en palabras que se escriban,
por lo general, con estas letras:

"h":

hotel (jout**é**l) *hotel*
hi (j**á**i) *hola*
un**h**appy (anj**á**pi) *desdichado*

Para recordar:

En algunas palabras que se escriben
con la letra "h", el sonido es mudo,
como en español. Por ejemplo:

Palabras que comienzan con "h"
y sus derivados:

honor (á:ne:r) *honor*
honest (á:nest) *honesto*
hour (aur) *hora*
heir (er) *heredero*

Palabras que comienzan con "gh":

gheto (g**é**rou) *gueto*
ghost (g**ó**ust) *fantasma*
ghastly (g**á**stli) *desagradable*

Palabras que se escriben con "rh":

rhyme (r**á**im) *rima*
rhythm (r**í**dem) *ritmo*
rhino (r**á**inou) *rinoceronte*
rhapsody (r**á**psedi) *rapsodia*

Palabras que se escriben con "ex":

exhibition (eksebíshen) *exhibición*
exhausted (igzá:stid) *exhausto*
exhort (igzo:rt) *exhortar*

Los 41 sonidos del inglés americano

Sonido #24

[k] como en **coffee** (ká:fi)

Fíjate en la pronunciación
de estas palabras:

cup (k**a**p) *taza*
key (ki:) *llave*
spea**k** (spi:k) *hablar*

[k] es similar, en español, al sonido
de las letras "c" en *cosa* o "k" en *kilo*,
pero debe pronunciarse con una
aspiración cuando se encuentra
al comienzo de una palabra.

El sonido [k] lo escucharás
en palabras que se escriban,
por lo general, con estas letras:

"c" antes de "a", "o" y "u":

carrot (kǽret) *zanahoria*
cost (ka:st) *costar*
customs (kástems) *aduana*

"c" antes de consonante:

cream (kri:m) *crema*
a**c**tor (ǽkte:r) *actor*
a**cc**ess (ǽkses) *acceso*

"ch" en algunos casos:

Christmas (krísmes) *Navidad*
me**ch**anic (mekǽnik) *mecánico*
te**ch**nology (tekná:leshi) *tecnología*

"k" :

kitchen (kíchen) *cocina*
la**k**e (léik) *lago*
ba**k**ery (béike:ri) *panadería*

"ck":

ro**ck** (ra:k) *roca*
pa**ck** (pæk) *paquete*
ha**ck**er (hǽke:r) *pirata informático*

"qu":

question (kw**é**schn) *pregunta*
quiet (kw**á**iet) *silencioso*
query (kw**í**ri) *pregunta*

"x". Se pronuncia [ks]:

fi**x** (fi**ks**) *reparar*
e**x**it (é**ks**it) *salida*
bo**x** (ba:**ks**) *caja*

Para recordar:

"k" antes de "n"
al comienzo de una palabra
no se pronuncia.

knee (ni:) *rodilla*
knife (náif) *cuchillo*
know (nóu) *saber*

[l] como en **like** (láik)

Fíjate en la pronunciación
de estas palabras:

e**l**even (il**é**ven) *once*
long (la:ng) *largo*
te**ll** (t**é**l) *decir*

[l] al principio o en el medio
de una palabra es similar
al sonido de la "l" en español,
como en *luz* y *alas*.
Cuando [l] aparece al final de una
palabra, la lengua debe colocarse
más cerca del paladar blando que
en los otros dos casos, como en *tall*.
Cuando [l] aparece en una sílaba
no acentuada después de "t" o "d",
se pronuncia un poco diferente del
sonido español, manteniendo la punta
de la lengua sobre el borde alveolar
sin moverla, como en *bottle* y *riddle*.

El sonido [l] lo escucharás
en palabras que se escriban,
por lo general, con estas letras:

"l" o "ll" al principio o en el medio:

leave (li:v) *partir, irse*
on**l**y (óun**l**i) *solamente*
a**ll**ow (el**á**u) *permitir*

"l" o "ll" al final de una palabra:

ba**ll** (ba:**l**) *pelota*
sme**ll** (sm**e**l) *oler*
fi**ll** (fi**l**) *completar*

Para recordar:

"l" no se pronuncia en estos casos:

Delante de "d" o "k"
en algunos casos:

wa**lk** (wa:k) *caminar*
ta**lk** (ta:k) *conversar*
cou**ld** (kud) *pasado de "can"*

"l" en terminaciones "alf":

h**alf** (hæf) *mitad*
c**alf** (kæf) *pantorrilla*

"l" en terminaciones "alm"
puede pronunciarse
de dos maneras:

c**alm** (ka:m or ka:lm) *calma*
p**alm** (pa:m or pa:lm) *palma*

[m] como **man** (mæn)

Fíjate en la pronunciación
de estas palabras:

music (myú:zik) *música*
proble**m** (prá:blem) *problema*
re**mem**ber (rimémbe:r) *recordar*

[m] se pronuncia igual
que en español, como en
las palabras *mirar* y *amar*.

El sonido [m] lo escucharás
en palabras que se escriban,
por lo general, con estas letras:

"m" y "mm":

menu (**m**é**n**yu:) *menú*
mo**m**ent (móument) *momento*
roo**m** (ru:m) *habitación*

(Curso de
pronunciación
americana)

(Curso de pronunciación americana)

Sonido #27

[n] como en **next** (nékst)

Fíjate en la pronunciación de estas palabras:

never (n**é**ve:r) *nunca*
statio**n** (st**é**ishen) *estación*
mo**n**ey (m**á**ni) *dinero*

[n] se pronuncia igual que en español, como en las palabras *antes* y *nuez*.

El sonido [n] lo escucharás en palabras que se escriban, por lo general, con estas letras:

"n" y "nn":

name (n**é**im) *nombre*
Su**n**day (s**á**n**d**ei) *domingo*
a**nn**oy (en**ó**i) *molestar*

Para recordar:

"n" después de "m" en la misma sílaba al final de una palabra no se pronuncia:

colu**mn** (k**á**:lem) *columna*
sole**mn** (sa:lem) *solemne*
hy**mn** (jim) *himno*

Cuando "mn" aparece en el medio de una palabra, se pronuncia:

a**mn**esia (æmn**í**she) *amnesia*
a**mn**esty (æmnesti) *amnistía*
inso**mn**ia (ins**á**:mnie) *insomnio*

[n] en sílabas no acentuadas que comienzan con "t" o "d" se pronuncia sin mover la lengua de la posición en que está para pronunciar "t" o "d".

co**tt**on (ca:rn) *algodón*
moun**t**ain (máuntn) *montaña*
wri**tt**en (ritn) *escrito*

Los 41 sonidos del inglés americano

Sonido #28

[ng] como en **young** (ya:ng)

Fíjate en la pronunciación
de estas palabras:

thi**ng** (**z**ing) *cosa*
a**ng**ry (áéngri) *enojado*
feeli**ng** (fi:ling) *sentimiento*

[ng] es igual al sonido español
de las consonantes "ng" en palabras
como *mango* y *vengo*.

El sonido [ng] lo escucharás
en palabras que se escriban,
por lo general, con estas letras:

"ng":

to**ng**ue (ta:ng) *lengua*
stro**ng** (stra:ng) *fuerte*
bri**ng** (bring) *traer*

Sonido #29

[p] como en **park** (pa:rk)

Fíjate en la pronunciación
de estas palabras:

peanut (pí:n**a**t) *maní*
sto**p** (sta:p) *detener*
pa**p**er (péipe:r) *papel*

[p] es similar al sonido de "p"
en español en palabras como *pensar*
y *limpiar*, pero se pronuncia con una
aspiración cuando se encuentra
al comienzo de una palabra.

El sonido [p] lo escucharás
en palabras que se escriban,
por lo general, con estas letras:

"p" y "pp":

a**p**artment (apá:rtment) *apartamento*
party (pá:ri:) *fiesta*
a**pp**ear (epíe:r) *aparecer*

Para recordar:

"p" no se pronuncia en estos casos:

pseudonym (sú:denim) *seudónimo*
psychology (saiká:le**sh**i) *psicología*
psychopath (sáikep**æz**) *psicópata*

En estas palabras:

recei**p**t (risí:t) *recibo*
cup**b**oard (kábe:rd) *armario*

(Curso de pronunciación americana)

Sonido #30

[r] como en **river** (ríve:r)

Fíjate en la pronunciación
de estas palabras:

ready (r**é**d**i**) *listo*
worried (w**é**:r**id**) *preocupado*
four (fo:**r**) *cuatro*

[r] es diferente del sonido de "r"
en español. Es un sonido mucho más
suave, similar a la "r" de *pare* y *cara*.
La punta de la lengua
nunca debe tocar el borde alveolar,
sino que se curva hacia atrás.

El sonido [r] lo escucharás
en palabras que se escriban,
por lo general, con estas letras:

"r" y "rr":

tourist (tu:**r**ist) *turista*
near (ni:**r**) *cerca*
arrive (e**r**áiv) *llegar*

Sonido #31

[s] como en **send** (**s**end)

Fíjate en la pronunciación
de estas palabras:

sauce (**s**a:**s**) *salsa*
cent (**s**ent) *centavo*
less (le**s**) *menos*

[s] es igual al sonido de "s"
en español. Sin embargo, no debes
pronunciar una "e" delante de la "s"
cuando la palabra en inglés
comienza con "s" + consonante.

Por ejemplo:

Spanish se pronuncia (sp**æ**nish)
y no (esp**æ**nish)

stay se pronuncia (st**é**i)
y no (est**é**i)

El sonido [s] lo escucharás
en palabras que se escriban,
por lo general, con estas letras:

"s":

sea (**s**i:) *mar*
sky (**s**kái) *cielo*
also (ól**s**ou) *también*

"se":

house (háu**s**) *casa*
mouse (máu**s**) *ratón*
loose (lu:**s**) *flojo*

"ss":

glass (glæs) *vaso*
pass (pæs) *aprobar*
message (mésish) *mensaje*

"ce":

cereal (síriel) *cereal*
spice (spáis) *especia*
device (diváis) *artefacto*

"ci":

citizen (sírizen) *ciudadano*
civil (sívil) *civil*
acid (æsid) *ácido*

"cy":

cybernetics (saibe:rnériks) *cibernética*
bicycle (báisikl) *bicicleta*
cynical (sínikl) *cínico*

"sce" y "sci"

scene (si:n) *escena*
scent (sent) *aroma*
science (sáiens) *ciencia*

Para recordar:

"s" no se pronuncia
en estas palabras:

aisle (ail) *pasillo*
island (áilend) *isla*

Los 41 sonidos del inglés americano

Sonido #32

[t] como en **time** (táim)

Fíjate en la pronunciación de estas palabras:

tall (ta:l) *alto*
re**st** (rest) *descansar*
six**teen** (sikstí:n) *dieciséis*

El sonido [t] es similar al sonido de la "t" en español, pero cuando se encuentra al comienzo de una palabra debe pronunciarse con una aspiración, presionando la lengua detrás del borde alveolar. Al final de una palabra desaparece la aspiración.

El sonido [t] lo escucharás en palabras que se escriban, por lo general, con estas letras:

"t" y "tt":

tired (táie:rd) *cansado*
pe**t** (pet) *mascota*
sis**t**er (síste:r) *hermana*

Para recordar:

"t" no se pronuncia en estos casos:

Entre "n" y "e" en sílabas no acentuadas:

in**ter**view (íne:rvyu:) *entrevista*
In**ter**net (íne:rnet) *internet*
in**ter**section (íne:rsékshen) *intersección*

Entre dos vocales, después de una sílaba acentuada, se pronuncia muy similar a la "r" de *caro* y *pero* en español. Es un sonido muy rápido y suave:

wa**t**er (wá:rer) *agua*
be**tt**er (bé:rer) *mejor*
ci**t**y (síri) *ciudad*

En las terminaciones "sten":

li**sten** (lísn) *escuchar*
fa**sten** (fǽsn) *ajustar*
ha**sten** (jéisn) *apresurar(se)*

En las terminaciones "stle":

ca**stle** (kæsl) *castillo*
whi**stle** (wísel) *silbar*
wre**stle** (resl) *luchar*

En esta palabra:

Chris**t**mas (krísmes) *Navidad*

63

Sonido #33

[v] como en **visit** (vízit)

Fíjate en la pronunciación
de estas palabras:

view (viú:) *vista*
mo**v**ie (mu:vi) *película*
lea**v**e (li:v) *partir, irse*

[v] no tiene un equivalente
en español, ya que normalmente
"v" y "b" se pronuncian igual.
Para producir este sonido,
los dientes superiores deben tocar
los labios inferiores, como para
pronunciar la letra "f",
pero en este caso,
las cuerdas vocales vibran.

El sonido [v] lo escucharás
en palabras que se escriban,
por lo general, con estas letras:

"v":

ne**v**er (né**v**er) *nunca*
sa**v**e (séiv) *ahorrar*
very (vé**r**i) *muy*

(Curso de pronunciación americana)

Sonido #34

[w] como en **week** (wi:k)

Fíjate en la pronunciación de estas palabras:

weather (w**é**de:r) *tiempo*
welcome (w**é**lkem) *bienvenido*
al**w**ays (á:l**w**eiz) *siempre*

[w] es similar al sonido de la letra "u" en español, como en las palabras *huella* y *huir*. Los labios deben colocarse en la misma posición que para el sonido [u], pero se abren a último momento. El sonido es continuo y las cuerdas vocales vibran.

El sonido [w] lo escucharás en palabras que se escriban, por lo general, con estas letras:

"w" seguida de una vocal en la misma sílaba:

win (**w**in) *ganar*
wet (**w**et) *húmedo*
a**w**ard (e**w**ó:r**d**) *premio*

"wh":

when (**w**en) *cuándo*
what (**w**a:t) *qué*

"o" en estos casos:

one (**w**an) *uno*
some**o**ne (sám**w**an) *alguien*
any**o**ne (éni**w**an) *alguien*

"qu" en estos casos:

quality (k**w**á:liri) *calidad*
quick (k**w**ik) *rápido*
earth**qu**ake (é:rzk**w**eik) *terremoto*

Para recordar:

"w" es silenciosa (por lo tanto no debes pronunciarla) en estos casos:

Al final de una palabra:

la**w** (la:) *ley*
elbo**w** (élbou) *codo*
sno**w** (snou) *nieve*

En estas palabras:

ans**w**er (æénse:r) *respuesta*
s**w**ord (so:rd) *espada*
t**w**o (tu:) *dos*

Cuando está seguida de "r":

wrist (ríst) *muñeca*
write (ráit) *escribir*
wrong (ra:ng) *equivocado*

65

HABLA SIN ACENTO

Consejos prácticos para mejorar tu acento
siendo hablante nativo de español (II)

(Curso de pronunciación americana)

Cuando una vocal está delante de [p], [t], [k], [b], [d] o [g] su sonido es más corto que cuando está delante de cualquier otro sonido. Fíjate en estos ejemplos:

|---|---|
whi**te**	why
wea**k**	we
kee**p**	key

No agregues una "e" delante de la "s" al principio de una palabra. Pronuncia *stop* y no *estop*.

La "s" en español suena siempre igual. En inglés, "s" suena como [z] cuando sigue a una consonante sonora o a una vocal. Por lo tanto, estas palabras muy comunes se deben pronunciar con [z]:

was (w**az**)
has (j**æz** /j**ez**)
does (**d**æ**z**/**d**e**z**)

La mayoría de las palabras escritas con "o" seguida de consonante, "all", "aw", "aught" y "ought" se pronuncian con el sonido [a:], equivalente en español a la letra "a".

office
c**a**ll
la**w**n
c**augh**t
th**ough**t

Las letras "b" y "v" se pronuncian de manera muy diferente en inglés.

Si no se pronuncian bien, en vez de decir **b**owel (*intestino*) dirás **v**owel (*vocal*), o en vez de decir **b**ase (*base*) dirás **v**ase (*florero*).

El sonido de la letra "r" en inglés es mucho más suave que en español. Tu lengua no debe tocar el paladar, sino que se curva hacia atrás. Es similar al sonido de la "r" en las palabras *cara* y *pero*. La pronunciación no cambia si la palabra se escribe con "r" o "rr":

ve**r**y
ready

Las palabras que terminan en [sh], [**sh**], [s], [z], [ch] y [ks] agregan una sílaba para formar el plural si son sustantivos o la tercera persona del singular si son verbos.

sustantivo sing. pl.	verbo inf. 3°pers. sing.
rose: roses	rise: rises
surprise: surprises	advise: advises
match: matches	watch: watches
mix: mixes	fix: fixes
dish: dishes	wash: washes

66

(Curso de pronunciación americana)

Los 41 sonidos del inglés americano

Sonido #35

[y] como en **yes** (y**é**s)

Fíjate en la pronunciación
de estas palabras:

young (ya:ng) *joven*
yesterday (y**é**ste:r**d**ei) *ayer*
reg**u**lar (r**é**gyule:r) *común*

El sonido [y] es similar al sonido de la
"i" en *hielo*, la "y" en *yo* y la "ll" en
allí, en el español de España y México.
La lengua está en la misma posición
que para la letra "i" y el flujo
de aire es continuo.

El sonido [y] lo escucharás
en palabras que se escriban,
por lo general, con estas letras:

"y" seguida de una vocal, al principio
o en el medio de una palabra:

you (yu:) *tú/ustedes*
yet (y**e**t) *todavía*
ma**y**or (m**é**ye:r) *alcalde*

"ia" y "io":

bill**io**n (b**í**lyen) *mil millones*
famil**ia**r (fem**í**lye:r) *familiar*
on**io**n (**á**nyen) *cebolla*

"u":

m**u**sic (my**ú**:zik) *música*
united (yun**á**ired) *unidos*
university (yu:nv**é**:rsiri) *universidad*

"u" depués de "t", "d", "n", o "s"
se pronuncia [u:]
y, en menor medida, [yu:]:

Tuesday (t**ú**:z**d**ei) o (ty**ú**:z**d**ei) *martes*
duty (d**ú**:ri) o (dy**ú**:ri) *obligación*
new: (nu:) o (nyu:) *nuevo*
suit (su:t) o (sy**ú**:t) *traje*

Sonido #36

[z] como en **zoo** (zu:)

Fíjate en la pronunciación
de estas palabras:

zero (**z**írou) *cero*
u**s**e (yu:**z**) *usar*
i**s** (i**z**) *es/está*

[z] no tiene un equivalente exacto
en español. Es un sonido vibrante,
similar al sonido de las abejas
(ZZZZZZZZZ). Los labios deben
colocarse en la misma posición
que para pronunciar [s], pero si
lo pronuncias correctamente,
las cuerdas vocales deben vibrar.

El sonido [z] lo escucharás
en palabras que se escriban,
por lo general, con estas letras:

"s" entre vocales
en una sílaba acentuada:

bu**s**y (bí**z**i) *ocupado*
de**s**erve (di**z**é:rv) *merecer*
ea**s**y (í:**z**i) *fácil*

"s" y "se" al final:

ha**s** (jæ**z**) *tiene*
tho**se** (dóu**z**) *aquellos*
new**s** (nu:**z**) *noticias*

"s" seguida de "m"
al final de una palabra:

activi**sm** (ǽktivi**z**em) *activismo*
moderni**sm** (má:**de**:rni**z**em) *modernismo*
favoriti**sm** (féiveriti**z**em) *favoritismo*

"z":

do**z**en (**dá**zen) *docena*
Bra**z**il (bre**z**íl) *Brasil*
ja**zz** (**sh**æ**z**) *jazz*

"x" al principio. Esta pronunciación
ocurre en muy pocas palabras:

xylophone (**z**áilefoun) *xilofón*
xerox (**z**éra:ks) *fotocopiar*
xenophobia (**z**enefóubie) *xenofobia*

Sonido #37

[z] como en **think** (zink)

Fíjate en la pronunciación
de estas palabras:

thank (**zæ**nk) *agradecer*
bir**th**day (bé:**rz**dei) *cumpleaños*
heal**th** (jé**lz**) *salud*

El sonido [z] se pronuncia de manera
similar a la letra "z" o "c" en algunas
variedades del español, por ejemplo en
las palabras *hace* o *zona*, en el español
hablado en España. La lengua debe
ubicarse entre los dientes y
las cuerdas vocales no vibran.

El sonido [z] lo escucharás
en palabras que se escriban,
por lo general, con estas letras:

"th" al principio o en el medio:

third (**ze:**rd) *tercero*
thought (**za:**t) *pensamiento*
no**th**ing (ná**z**ing) *nada*

"th" al final de una palabra:

pa**th** (pæ**z**) *sendero*
bo**th** (bóu**z**) *ambos*
tru**th** (tru:**z**) *verdad*

"th" seguido de "r":

three: (**z**ri:) *tres*
throw (**z**róu) *lanzar*
through (**z**ru:) *a través*

(Curso de pronunciación americana)

Pronunciar el pasado de los verbos regulares, como "lived", "worked" o "rented" puede resultar un poco complicado. Aprendiendo esta regla, ello dejará de ser un problema.

Si el verbo termina en un sonido sonoro, debes pronunciarlo agregando [d]:

sta**y**	sta**yed**	(stéid)
ca**ll**	ca**lled**	(ka:ld)

Si el verbo termina en un sonido sordo, debes agregar "t":

sto**p**	sto**pped**	(sta:pt)
wal**k**	wal**ked**	(wa:kt)

Si el verbo termina en "t" o "d" se pronuncia [ed]:

ren**t**	ren**ted**	(rénted)
deci**de**	deci**ded**	(disáided)

El sonido [d] como en *they* debes diferenciarlo del sonido [d] como en *day*. [d] es un sonido muy suave, parecido al sonido de la "d" en español, como en *cada* y *red*.

there   mo**th**er   ano**th**er

Debes diferenciar los sonidos [sh] como en John y [sh] como en Sharon.

[sh] es el sonido que haces cuando le pides a alguien que se calle: shhhhhhhhhh.

Lee estos ejemplos:
shut (sh**a**t)
show (shóu)
ca**sh** (kæsh)

En cambio el sonido [sh] es un sonido que no es común en español, y que algunos hablantes pueden imitar agregando una "d" delante de "y" en palabras como *"yo"* o *"llevar"* según se pronuncia en Argentina y Uruguay.

June (shu:n)
job (sha:b)
jeans (shi:nz)

El sonido [u] es un sonido corto que no existe en español. No debes confundirlo con el sonido de la letra "u" en, por ejemplo, *uno* y *dueño*.

Si no pronuncias bien este sonido,
[u]   [u:]

en vez de decir
should (*debería*) dirás shoot (*disparar*)

en vez de decir
food (*comida*) dirás foot (*pie*)

en vez de decir
full (*lleno*) dirás fool (*tonto*)

La "h" en inglés no es, en la mayoría de los casos, muda como en español, y su sonido no tiene un equivalente exacto. Generalmente se lo pronuncia como la letra "j", pero es un sonido mucho más suave y se debe pronunciar con una aspiración.

house
hire
a**h**ead

Los 41 sonidos del inglés americano

Sonido #38

[sh] como en **show** (shóu)

Fíjate en la pronunciación de estas palabras:

shelf (sh**e**lf) *estante*
shopping (shá:ping) *compras*
Spani**sh** (spǽnish) *español*

[sh] no existe en español, pero puede lograrse pronunciando "shhh", como cuando queremos que alguien haga silencio.

El sonido [sh] lo escucharás en palabras que se escriban, por lo general, con estas letras:

"sh":

she (shi:) *ella*
shoe (shu:) *zapato*
wa**sh** (wa:sh) *lavar*

"ssion" al final:

profe**ssion** (preféshn) *profesión*
mi**ssion** (míshn) *misión*
depre**ssion** (dipréshn) *depresión*

"sur" en estos casos:

in**sur**ance (inshó:rens) *seguro*
sure (sho:r) *seguro*
a**ssur**e (ashé:r) *asegurar*

"sug" en este caso:

sugar (shúge:r) *azúcar*

"tion":

destina**tion** (destinéishn) *destino*
immigra**tion** (imigréishn) *inmigración*
fic**tion** (fíkshn) *ficción*

"tious":

infec**tious** (infékshes) *infeccioso*
ficti**tious** (fiktíshes) *ficticio*
nutri**tious** (nu:tríshes) *nutritivo*

"ch" en palabras de origen francés:

chauffeur (shoufé:r) *chofer*
champagne (shæmpéin) *champán*
ma**ch**ine (meshí:n) *máquina*
chef (sh**e**f) *chef*
mousta**ch**e (mestá:sh) *bigotes*
bro**ch**ure (breshú:r) *folleto*

71

"ss":

permi**ss**ion (permíshn) *permiso*
i**ss**ue (íshu:) *asunto*
profe**ss**ion (preféshn) *profesión*

"cial":

spe**cial** (spéshel) *especial*
commer**cial** (kemé:rshel) *comercial*
superfi**cial** (su:perfíshel) *superficial*

"cian":

techni**cian** (tekníshn) *técnico*
electri**cian** (elektríshn) *electricista*
pediatri**cian** (pi:dietríshn) *pediatra*

"cious":

suspi**cious** (sespíshes) *sospechoso*
cons**cious** (ká:nshes) *consciente*
deli**cious** (delíshes) *delicioso*

"cient":

effi**cient** (ifíshent) *eficiente*
an**cient** (éinshent) *antiguo*
suffi**cient** (sefíshent) *suficiente*

"ish":

child**ish** (cháildish) *infantil*
redd**ish** (rédish) *rojizo*
Brit**ish** (brírish) *británico*

"tial":

ini**tial** (iníshel) *inicial*
poten**tial** (peténshel) *potencial*
essen**tial** (isénshel) *esencial*

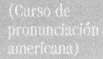
(Curso de
pronunciación
americana)

Sonido #39

[sh] como en **John** (**sh**a:n)

Fíjate en la pronunciación
de estas palabras:

joke (**sh**óuk) *broma*
ma**g**ic (mæ**sh**ik) *magia*
lar**g**e (la:r**sh**) *grande*

El sonido [sh] no es común en español. La punta de la lengua debe presionarse firmemente detrás de los dientes frontales superiores. Puedes pronunciarlo agregando una "d" delante del sonido de la letra "y", como se pronuncia en Argentina y Uruguay en palabras como *yo* y *llamo*.

El sonido [sh] lo escucharás
en palabras que se escriban,
por lo general, con estas letras:

"j":

January (**sh**ǽny:ueri) *enero*
join (**sh**oin) *unir*
ob**j**ect (á:b**sh**ikt) *objeto*

"g" delante de "e", "i" e "y":

an**g**el (éin**sh**el) *ángel*
gin (**sh**in) *ginebra*
gym (**sh**im) *gimnasia*

"g" antes de "e" silenciosa al final:

a**g**e (éi**sh**) *edad*
sta**g**e (stéi**sh**) *escenario*
marria**g**e (méri**sh**) *matrimonio*

"dg":

bri**dg**e (bri**sh**) *puente*
fu**dg**e (fa:**sh**) *dulce de leche*
we**dg**e (w**esh**) *cuña*

"logi" y "logy":

logical (lá:**sh**ikel) *lógico*
apo**logy** (epá:le**sh**i) *disculpa*
cardio**logy** (ka:rdi:á:le**sh**i) *cardiología*

(Curso de pronunciación americana)

Sonido #40

[sh] como en **usual** (yu:*sh*uel)

Fíjate en la pronunciación
de estas palabras:

plea**s**ure (pl**é***sh*e:r) *placer*
televi**s**ion (t**é**levi*sh*en) *televisión*
massa**g**e (mes**á***sh*) *masaje*

[*sh*] no es un sonido común en español.
Se asemeja al sonido "y" en la palabra
playa como se pronuncia en Argentina
y Uruguay, pero las cuerdas vocales
deben vibrar más cuando lo pronuncias.

El sonido [*sh*] lo escucharás
en palabras que se escriban,
por lo general, con estas letras:

"ge" en palabras de orígen francés:

rou**ge** (ru:sh) *lápiz labial*
bei**ge** (b**é**sh) *beige*

"sion":

vi**sion** (ví*sh*en) *visión*
deci**sion** (disí*sh*en) *decisión*
occa**sion** (ekéi*sh*en) *ocasión*

"sure" al final:

trea**sure** (tr**é***sh*e:r) *tesoro*
mea**sure** (m**é***sh*e:r) *medida*
plea**sure** (pl**é***sh*e:r) *placer*

"sual":

ca**su**al (ka**é***sh*uel) *informal*
usu**al**ly (y**ú**:*sh*ueli) *usualmente*
unus**ual** (**a**nyú:*sh*uel) *inusual*

Sonido #41

[ch] como en **cheese** (chi:z)

Fíjate en la pronunciación
de estas palabras:

chocolate (chá:klet) *chocolate*
chance (chæns) *oportunidad*
bea**ch** (bi:ch) *playa*

[ch] es similar al sonidod de "ch"
en español, como en *hacha* y *ancho*.

El sonido [ch] lo escucharás
en palabras que se escriban,
por lo general, con estas letras:

"ch":

mu**ch** (mach) *mucho*
change (chéin**sh**) *cambio*
a**ch**ieve (echí:v) *lograr*

"tch":

ki**tch**en (kíchen) *cocina*
bu**tch**er (búche:r) *carnicero*
ma**tch** (mæch) *partido*

"t" en terminaciones "ture":

pic**ture** (píkche:r) *fotografía*
furni**ture** (fé:rniche:r) *muebles*
na**ture** (néiche:r) *naturaleza*

Para recordar:

"ch" no se pronuncia
en esta palabra:

ya**ch**t (ya:t) *yate*

TÍTULOS DE INGLÉS
MARIA GARCÍA

INGLÉS DE UNA VEZ

APRENDE INGLÉS DEPRISA

1000 PALABRAS CLAVE

**144 CONCEPTOS CLAVE DE INGLÉS
(EXPLICADOS EN 2 MINUTOS CADA UNO)**

100 CLASES PARA DOMINAR EL INGLÉS

~•~

EL DESAFÍO DEL INGLÉS

INGLÉS SMS

CIUDADANÍA AMERICANA

**PRONUNCIACIÓN FÁCIL:
LAS 134 REGLAS DEL INGLÉS AMERICANO**

INGLÉS PARA HACER AMIGOS

~•~

INGLÉS PARA REDES SOCIALES

INGLÉS EN LA ESCUELA

INGLÉS PARA PACIENTES

HABLA SIN ACENTO

INGLÉS DE NEGOCIOS

~•~

INGLÉS PARA VIAJAR

INGLÉS PARA EL AUTO

APRENDE INGLÉS CON LOS FAMOSOS

Notas

Notas

CPSIA information can be obtained
at www.ICGtesting.com
Printed in the USA
LVHW051911180620
658460LV00009B/767

9 781681 656335